NOTICE HISTORIQUE

SUR

LE P. LOUIS LELEU

DE LA COMPAGNIE DE JÉSUS

PAR

Le P. Achille GUIDÉE

de la même Compagnie.

<hr>

PARIS

CHARLES DOUNIOL, LIBRAIRE-ÉDITEUR

rue de Tournon, 29

1860

NOTICE HISTORIQUE

SUR

LE P. LOUIS LELEU

DE LA COMPAGNIE DE JÉSUS

———

Louis Leleu naquit, le 17 décembre 1773, à Chépy, bourgade de Picardie. Ses parents, sans être favorisés des dons de la fortune, jouissaient de cette honnête aisance qui met à l'abri du besoin et préserve des dangers attachés à la possession des richesses. Il commença de bonne heure le cours ordinaire des études, et ses goûts pieux le portèrent vers la carrière ecclésiastique. On lui donnait déjà le titre d'abbé lorsque la révolution éclata. Louis, appelé sous les drapeaux, fut forcé d'interrompre ses études ; et pour mettre en sûreté sa vocation et sa vie menacées, il se retira dans une ferme appartenant au duc de Penthièvre et située aux environs de la ville d'Eu, sur les confins de la Normandie. Il y demeura caché pendant plusieurs années, déguisé en villageois.

Quand l'effervescence révolutionnaire fut apaisée, Louis

sortit de cette retraite avec la pensée de se consacrer à Dieu dans un ordre religieux. Il n'en existait plus en France. Ils avaient été détruits par la révolution, et n'étaient pas encore sortis de leurs ruines. Cependant les Pères de la Foi, récemment arrivés d'Allemagne [1], se recrutaient dans le but de fournir à la Compagnie de Jésus des éléments tout préparés, lorsque le Souverain Pontife jugerait le moment venu de la rétablir. Louis sollicita et obtint son admission dans la Société nouvelle. C'était en 1803. Les supérieurs le placèrent dans une succursale de la maison qu'ils avaient formée à Amiens, au faubourg Noyon, et il y resta jusqu'en 1806, époque où ce pensionnat fut transféré à Montdidier [2]. C'est dans ce dernier établissement surtout qu'on vit se développer chez le P. Leleu cette piété tendre et affectueuse qui, avec une simplicité vraiment admirable, a fait le caractère distinctif de sa vertu. Il reçut dès lors un don tout particulier pour toucher les cœurs par des paroles puisées, non dans une rhétorique profane, mais dans l'onction secrète que le Saint-Esprit semblait lui communiquer. C'était lui qui, tous les matins, faisait la méditation avec les élèves. Il était parvenu à les intéresser au point que les plus jeunes mêmes s'empressaient de sortir du lit avant l'heure du réveil pour assister à ce pieux exercice ; et on voyait, non-seulement par leur attitude pendant la méditation, mais encore par l'air de piété avec lequel ils en sortaient, l'impression profonde dont ils étaient pénétrés. Cette impression, ils la portaient à la chapelle,

---

[1] *Vie du P. Varin*, p. 91 et suivantes.
[2] *Vie du P. Louis Sellier, de la Compagnie de Jésus*, p. 60.

à l'étude et partout, et l'on peut dire que le P. Leleu, par ses méditations et par ses entretiens avec les enfants pendant les récréations, au milieu des groupes qui l'environnaient, a contribué pour sa bonne part, avec les PP. Sellier et Louis Debussi[1], à répandre dans la maison de Montdidier cet esprit de foi et de ferveur qui l'a distinguée entre les autres établissements dirigés par les Pères de la Foi.

Le P. Leleu était si onctueux dans sa naïve simplicité et si attachant en même temps, qu'un de ses confrères, très-avancé lui-même dans la vie spirituelle, croyait gagner beaucoup en écoutant les saintes affections que le P. Leleu laissait échapper dans les méditations qu'il faisait à haute voix. Aussi usait-il d'un innocent stratagème pour avoir l'avantage de profiter, disait-il, de la méditation des élèves : il devançait l'heure de la réunion, et, grâce à l'obscurité de la nuit, il se cachait dans un coin où il était invisible aux regards du P. Leleu ; il aurait craint que sa présence, s'il eût été découvert, n'empêchât l'homme de Dieu de s'abandonner en liberté aux mouvements de l'Esprit-Saint.

Le collége de Montdidier exista plus longtemps qu'aucun autre collége des Pères de la Foi. Il ne fut supprimé qu'en 1812[2]. Le P. Leleu, qui avait été ordonné prêtre à Noyon, le 11 juin 1808, par Mgr de Mandolx, évêque d'Amiens, fut, au sortir de Montdidier, envoyé en qualité de desservant dans la paroisse de Talmas, qui avait une population de 15 à 1,600 habitants. L'église et le presbytère n'existaient plus. L'une et l'autre avaient été consumés

---

[1] *Vie du P. Louis Sellier*, p. 63 et 85. — *Notice,* n° 21.
[2] *Vie du P. Louis Sellier*, p. 85.

1.

dans un incendie qui avait ravagé une partie du village. Un pieux célibataire du pays partagea avec lui sa pauvre demeure, car l'habitation n'était qu'une chaumière, et la chambre à coucher avait quelque rapport avec la grotte de Bethléem. Le sol inégal et plein de cavités faisait trébucher, quand on y entrait pendant les ténèbres. La cuisine de ce bon villageois n'était pas recherchée, il s'en fallait ; elle aurait eu de quoi rebuter tout autre que le P. Leleu. Ce fut cependant dans cette habitation qu'il passa environ deux années ; et il la choisit de préférence, d'abord parce qu'elle était voisine de l'endroit où, depuis l'incendie de l'église, on célébrait l'office divin, et ensuite, parce qu'il y trouvait de quoi satisfaire son attrait pour la sainte pauvreté et les incommodités de la vie. Or, quelle était cette église improvisée ? C'était la maison d'école du lieu. On peut s'imaginer tout ce que le pasteur et les fidèles avaient à souffrir dans un local aussi resserré. Il pouvait à peine contenir la dixième partie de la population, en y comprenant même le grenier qui servait de tribune. Les premiers arrivés se serraient, s'entassaient les uns contre les autres, et ceux qui arrivaient plus tard restaient aux alentours ; bienheureux ceux qui pouvaient se placer en face d'une fenêtre pour entendre et voir le saint prêtre ; et l'ascendant que le P. Leleu avait acquis était tel qu'on bravait l'intempérie des saisons pour se rendre à l'église, y assister à l'office et entendre ses instructions. Ses paroles étaient recueillies comme des oracles et elles produisaient des prodiges de conversion. Avant son arrivée, la paroisse passait pour une des plus dissolues. Il n'y a pas lieu d'en être surpris : depuis vingt ans environ l'église avait été la proie des flammes, et ce pauvre peuple était privé presque entièrement du pain de la parole de Dieu. En quelques mois, le changement fut général. Les lieux de divertissements, qui étaient comme le rendez-vous commun des habitants, puisqu'on ne l'avait plus à l'église, furent en grande partie abandonnés. Les pratiques de piété, dont on n'avait presque aucune idée, remplacèrent les jeux et les divertissements dangereux. La communion fréquente, qui parut un phénomène dans les commencements, acheva de faire de cette paroisse une paroisse modèle. La ferveur dans les personnes du sexe alla jusqu'à la pratique des saintes austérités qui ne sont connues que dans les cloîtres, et un bon nombre d'entre elles renoncèrent au monde pour se consacrer à Dieu dans les communautés d'Amiens.

Cependant la Compagnie de Jésus, rétablie partiellement déjà dans certaines contrées par le pape Pie VII, le fut dans tout l'univers catholique le 7 août 1814. Le P. Leleu, en entrant chez les Pères de la Foi, avait promis de se présenter à la Société dès qu'elle serait reconstituée. Il s'arracha donc aux affections et aux regrets de ses bons paroissiens pour suivre la voix du ciel, et pour travailler avec les autres membres de la Société de la Foi à la fondation du petit séminaire de Saint-Acheul. Mais ce ne fut pas sans un douloureux serrement de cœur qu'il se sépara de cette multitude d'enfants spirituels qu'il avait engendrés à Jésus-Christ. Depuis ce moment, la vue de sa paroisse abandonnée, les instances réitérées des habitants qui le redemandaient, peut-être aussi quelques légères contrariétés qu'il put éprouver dans l'exercice de ses fonctions à Saint-Acheul, où il remplissait les charges de surveillant d'étude et de professeur d'une classe élémentaire, toutes ces causes réunies agirent sur son cœur, le firent chanceler. Comme les habitants de Talmas venaient sans cesse se lamenter à Saint-Acheul, et que chaque visite était pour le P. Leleu un nouveau déchirement, on se crut obligé, pour sa propre tranquillité, de le rendre à peu près invisible et de défendre de l'appeler au parloir. Cet interdit ne fit qu'aggraver la douleur du pauvre Père. On peut soupçonner aussi qu'il fut instruit qu'une députation nombreuse s'était rendue à l'évêché pour solliciter son retour à Talmas. Cédant à tant d'assauts, il demanda à retourner auprès de son troupeau. La prudence des supérieurs ne crut pas devoir s'opposer au désir manifesté par le prélat et par le P. Leleu lui-même. On lui accorda l'autorisation de reprendre au moins pour un temps le gouvernement de sa paroisse, à la condition que, si les circonstances venaient à changer, il serait de nouveau admis dans la Compagnie. On le vit quitter Saint-Acheul avec d'autant plus de regret, qu'à un esprit vraiment intérieur il joignait beaucoup de prudence et un rare talent dans la conduite spirituelle des enfants confiés à ses soins. Au reste, il eut bientôt lieu de se repentir d'une démarche trop peu réfléchie. Ses travaux, autrefois si heureux, furent frappés d'une complète stérilité. Ceux même qui l'avaient rappelé avec tant d'instances, cessèrent d'écouter sa voix et de respecter son caractère. Un an était à peine écoulé que la désaffection en était venue jusqu'au mépris. Une maladie longue et dangereuse qu'il fit l'année suivante acheva de lui ouvrir les yeux, et le ramena dans la Compagnie, où depuis il fit tant de choses pour la gloire de Dieu et le salut des âmes. Il avoua depuis qu'après son retour à Talmas, je ne sais quel sentiment de tristesse l'avait privé de cette dilatation de cœur et de ces tendres émotions de piété qu'il communiquait autrefois si aisément à tout son peuple.

Le P. Leleu retourna à Saint-Acheul en 1818 pour y continuer son noviciat, car il n'était que novice au moment de sa sortie. Il fut ensuite envoyé en Bretagne, au petit séminaire de Sainte-Anne d'Auray, où il se lia par les premiers vœux de religion en 1819. Il remplit dans cette maison les mêmes fonctions qu'à Montdidier, et il y fut chargé de la direction spirituelle des élèves. Là, comme à Montdidier et à Saint-Acheul, sa belle simplicité, son égalité d'humeur, l'air de calme et de sérénité répandu dans tout son extérieur, l'onction de ses paroles, son abnégation, son esprit d'humilité, sa mortification, produisirent de salutaires effets, et laissèrent des souvenirs que le temps n'a pas effacés dans le cœur des congréganistes.

Mais le zèle du saint homme était à l'étroit dans l'enceinte du collége. Il voulut que les personnes du dehors pussent en recueillir les fruits. On sait que de toutes parts, et surtout des différentes contrées de la Bretagne, d'innombrables pèlerins affluent chaque année à Sainte-Anne, pour offrir leurs vœux et leurs prières à la mère de la très-sainte Vierge. Le P. Leleu gémissait de ne pouvoir entendre leurs confessions. La langue du pays lui opposait un obstacle qui eût été insurmontable pour bien d'autres. Il avait alors environ cinquante ans. Il conçut néanmoins et exécuta, par un vrai prodige de travail et de constance, le dessein d'apprendre cet idiome difficile. Il en étudia les principes à fond, et quant à la pratique, il acquit, ce qu'il ambitionnait uniquement, le talent de se faire comprendre des Bretons, de les intéresser et de leur toucher le cœur, au point de les faire souvent fondre en larmes. Il fut jusqu'en 1828 confesseur des pélerins.

Le petit séminaire de Sainte-Anne ayant été enlevé à la Compagnie de Jésus par les ordonnances du 16 juin, le P. Leleu fut forcé de quitter cette maison. Les supérieurs établirent alors une résidence ou maison de missionnaires dans la ville de Vannes. Il y fut attaché et on lui assigna un confessionnal dans la cathédrale. C'est là que, pendant bien des années, il entendit sans relâche les nombreux pénitents, les hommes surtout et les pauvres, qui venaient l'y trouver. Son assiduité au saint tribunal était telle qu'on aurait pu, disait-on alors, lui adresser toutes ses lettres : *à M. Leleu, au confessionnal, à Saint-Pierre.* On a évalué à quatorze cents le nombre des personnes qui lui avaient donné leur confiance.

Dans l'exercice de son ministère, il ne négligeait aucun des moyens qui pouvaient contribuer au salut de ses frères. Il employait ses loisirs à composer de petits écrits qu'il faisait imprimer et qu'il distribuait ensuite dans le but de rappeler les âmes à leurs devoirs, ou de les porter à la pratique de la perfection chrétienne. On a pu voir à la cathédrale de Vannes, aux pieds d'une statue de Notre-Dame-des-sept-douleurs, une prière écrite de sa main, et qu'il avait attachée au mur, pour exciter la piété des fidèles. D'autres fois il usait d'innocents subterfuges pour parvenir à ses fins. Un artisan de Vannes vivait éloigné des sacrements. Le P. Leleu le savait. Il le rencontra un jour désœuvré. «Venez chez moi, à telle heure, » lui dit-il. L'ouvrier, pensant qu'il voulait lui donner du travail, fut fidèle au rendez-vous. Le Père l'attendait. « Mettez-vous à genoux ici, » dit-il à cet homme, dès qu'il fut entré dans sa chambre. Celui-ci, frappé de cette injonction imprévue, comprit ce qu'on demandait de lui : il n'eut pas la force de résister, et il fut ainsi ramené à la pratique de ses devoirs.

Voyant un ancien militaire qui venait quelquefois entendre la messe, et qu'il savait néanmoins négliger l'observation du devoir pascal, il avait soin, en sortant de l'église, de presser le pas pour lui présenter de l'eau bénite. Cette industrieuse prévenance gagna le cœur du soldat, et étant tombé malade, il fit appeler le Père pour le réconcilier avec Dieu.

On a admiré également le zèle avec lequel, secondé par une vertueuse demoiselle, il s'employa à arracher au désordre des pécheresses publiques.

Pendant les douze dernières années de sa vie, le P. Leleu, plus familiarisé avec la langue bretonne, fut appelé à la parler en public dans les missions du diocèse. Il prit part à presque toutes celles qui furent données alors. Tous les matins il faisait, en breton, un entretien d'une heure, en forme de méditation : le reste de la journée, il ne quittait presque pas le confessionnal.

Il ne fut pas facile de le décider à se produire en chaire. On eût besoin d'user d'une sorte de contrainte. Un Père, qui allait un jour donner une retraite dans une communauté religieuse, pria le P. Leleu de l'accompagner pour l'aider dans ce travail. Il refusa d'abord : il ne savait pas prêcher, disait-il, ni dire un mot, si ce n'est au confessionnal. L'obéissance lui ayant enjoint de faire la méditation aux religieuses, il obtint un succès prodigieux. Les religieuses, touchées des paroles du saint homme, ne pouvaient retenir leurs larmes. Ce fut là comme le début de son apostolat. Sa manière de dire, son ton, ses pensées, formaient un genre inimitable qui ne convenait qu'à lui : mais il lui convenait si bien qu'on ne se lassait pas de l'entendre et de l'admirer, et qu'il opérait dans les âmes des fruits merveilleux de conversion. C'était comme une conversation, un dialogue, qu'il établissait entre lui et Notre-Seigneur ou les saints. Il commençait ordinairement ainsi : *Eh bien, mon bon ange, qu'est-ce que je vais dire à ces enfants de Dieu ?* Et après un moment de silence, il reprenait : *Eh bien, mon bon ange m'a chargé de vous dire* telle chose. Il répétait alors, comme les ayant appris de son bon ange, les avis spirituels qu'il voulait donner aux bons villageois. Ainsi faisait-il revenir trois ou quatre fois les mêmes vérités, qu'il mettait dans la bouche de Notre-Seigneur, de la sainte Vierge, du patron de l'église, des saints anges, des saints ; et de la sorte, les instructions les plus frappantes et les plus pratiques se gravaient profondément dans l'esprit des peuples [1].

[1] Voici un entretien et des conseils recueillis par une personne qui avait assisté à une instruction prêchée par le P. Leleu aux demoiselles de la Congrégation de Vannes. Ils donneront une idée du genre adopté par le saint homme dans ces sortes d'instructions :

« Savez-vous, mes chères enfants, comment vous pourriez bien aimer Notre-Seigneur ? — Je ne le sais pas, mon Père, me répond chacune de vous, mais je vous prie de vouloir me l'apprendre. — Mon bon ange, aidez-moi à apprendre à ces enfants comment il faut aimer mon Dieu !

« Eh bien, mon enfant, il s'agit de travailler toute la journée ;

Quelquefois il avait entre les mains, en montant en chaire, une feuille d'arbre ou une fleur. Il prenait de là occasion d'expliquer les merveilles de la création ; et il le faisait avec un intérêt qui captivait l'attention et laissait dans l'esprit des traces ineffaçables.

Au milieu de ce langage simple et familier, le P. Leléu s'élevait quelquefois jusqu'à la hauteur de l'éloquence. Des pensées neuves, des espèces d'illuminations soudaines, des mouvements inspirés, des paroles brûlantes, pénétraient les cœurs, et faisaient répandre des torrents

car parmi vous il y a beaucoup d'ouvrières. Eh bien, vous offrirez à Notre-Seigneur tous les points d'aiguille que vous ferez, comme autant d'actes d'amour. Ah !.... vous en faites beaucoup dans un jour, quel beau travail ! puisque vous le faites par amour, n'est-ce pas ?.... — Cela n'est pas bien difficile, mon Père, mais le tout est d'y penser, car on n'a pas toujours cette pensée-là présente. — Eh bien, mon enfant, vous l'offrirez une bonne fois pour toutes, et vous direz à votre bon ange que vous le chargez, tous les jours, quand même vous n'y penseriez pas, de renouveler pour vous, cette offrande-là au bon Dieu. Voilà pour les couturières. — Maintenant pour les repasseuses : votre fer est placé au feu, le voilà tout embrasé. Ah ! quelle belle fournaise que le Cœur de Jésus pour moi !.... ah ! que je serais heureuse de pouvoir l'aimer comme il m'aime ! Mon bon ange, je voudrais que mon cœur fût tout de feu pour mon Dieu !

« Et puis, voilà que dans un instant la cendre se forme sur le charbon : image de la tiédeur de mon cœur pour vous, ô mon Dieu !.... Puis, tout d'un coup vous soufflez, et aussitôt le feu se rallume : ah ! mon Dieu, quand le souffle de votre grâce se répand dans mon cœur, il est tout animé pour vous !... Non, mes enfants, nous ne pourrons, tant que nous serons sur la terre, comprendre, comme il faut, l'amour du Cœur de Jésus pour nous : nous ne le saurons bien que dans le ciel. Quand nous le recevons par la communion, nous avons l'amour parfait dans notre cœur, car nous possédons au dedans de notre poitrine le Fils unique de Dieu : la sainte Trinité repose en nous. Nous sommes donc bien agréables à

de larmes. Bien des prêtres l'ont éprouvé et l'ont attesté. Son organe était fort et plein. Il avait dans certains moments des éclats de voix qui portaient la terreur au fond des âmes.

On rapporte que, prêchant un soir dans une île du Morbihan, il sut profiter merveilleusement pour le bien de ses auditeurs d'une circonstance assez désagréable d'ailleurs. Un chien s'était introduit dans l'église, et y causait un véritable tumulte, à raison de l'usage où sont les Bretons de s'asseoir par terre dans le lieu saint. Quand le chien eut été chassé et le calme rétabli : « Mes frères, dit le P. Leleu, le chien est bien fidèle à l'homme ; et ce-

Dieu, puisque nous sommes revêtus de tous les mérites de son divin Fils ; la sainte Vierge est bien contente quand elle peut dans notre cœur adorer son divin Fils. Elle nous sait gré de lui donner l'hospitalité que bien des âmes lui refusent. Je suppose que vous soyez en voyage, au milieu de la nuit, et que, surpris par la pluie, ne sachant où aller, vous frappiez à la porte d'une personne ; si cette personne vous recevait bien, vous donnait un bon lit pour vous délasser ; quand vous arriveriez chez vous, vous en parleriez à votre mère, elle serait aussi bien reconnaissante envers cette bonne personne qui vous a donné l'hospitalité. Eh bien, mes chères enfants, c'est la même chose quand nous recevons avec amour Notre-Seigneur dans la sainte communion ; la sainte Vierge nous en sait gré.

« Il faut travailler pour remporter des victoires sur nous-mêmes : cela est très-agréable au bon Dieu. On aime bien à dormir, n'est-ce pas, mes enfants ? Et quand votre mère, ou quelque autre personne, vient vous réveiller le matin, oh ! vous resteriez encore sur votreoreiller. Savez-vous bien ce qu'il faut faire alors ? Il faut sortir promptement de votre lit en faisant le signe de la croix. La belle victoire !

« Quelqu'un va vous dire une parole qui ne vous plaît pas, vous aimeriez à marquer votre mécontentement ; mais, mon Dieu, vous souffriez avec patience, dans votre passion, toute espèce d'injures, vous étiez l'innocence même ; et moi, je suis coupable, si

pendant pour la moindre raison, on ne se fait pas faute de le frapper sans pitié... Et nous, ô mon Dieu ! nous qui vous manquons sans cesse de fidélité, nous ne recevons de vous que des bienfaits et des bénédictions. » De là le pieux missionnaire conclut à la gravité de l'offense de Dieu , insista fortement sur l'injure que le péché fait à la majesté divine ; et il le fit d'une manière si touchante que, d'après le témoignage du recteur, il arracha des larmes a tous les assistants et détermina une foule de conversions. Aussi les pasteurs qui venaient solliciter pour leurs paroisses le bienfait d'une mission ne manquaient jamais de réclamer le concours du P. Leleu. Il inspirait une telle

ce n'est pas cette fois-ci, c'est pour les autres : pardon, mon Dieu. Gloire soit au Père, au Fils et au saint Esprit !

« Vous travaillez près d'une croisée ; vous aimeriez bien à regarder qui va, qui vient : cela n'est pas défendu ; mais que de regards j'ai souvent jetés, ô mon Dieu ! sur des objets défendus ! Pardon, mon Dieu ; et puis l'on s'occupe de son ouvrage.

« Quand vous êtes bien fatiguée, mon enfant, et que vous ne vous sentez pas portée à aller à l'église, il faut dire à votre corps : Ah ! mon pauvre corps, tu ne veux donc pas conduire mon âme à l'église ? Allons, mon corps, secoue ta paresse, et conduis-moi aux pieds de Notre-Seigneur. Quand on quitte l'église, il faut dire : Mon bon ange, aimez bien le bon Dieu pour moi, jusqu'à ce que je revienne ici une autre fois. Dites souvent au bon Dieu : Mon Dieu, je voudrais bien vous aimer comme la sainte Vierge vous aime, comme mon ange vous aime, comme sainte Gertrude et tant de saintes vous ont aimé quand elles étaient sur la terre ; et le bon Dieu recevra votre désir.

« Allez souvent en esprit dans tous les endroits de la ville où repose Notre-Seigneur, envoyez-y votre bon ange pour vous. Loué soit Jésus-Christ au très-saint sacrement de nos autels. Ainsi soit-il.

« Quand vous passez dans les rues et que vous entendez quelqu'un blasphémer, dites dans le fond de votre cœur: *Gloria Patri*, etc. Pardon, mon Dieu, pour ce pécheur qui vous outrage ; pardon aussi, ô mon Dieu ! pour tous les péchés de ma vie. »

vénération que, si ses infirmités ou quelque circonstance imprévue ne lui permettaient pas d'accompagner les missionnaires : « Qu'il paraisse du moins, s'écriaient-ils avec tristesse ; il ne travaillera pas, mais sa présence toute seule nous vaudra autant que dix sermons. »

Durant les quatre dernières années de sa vie, le bon Père, accablé sous le poids de l'âge et des travaux , fut souvent attaqué de maladies assez graves. Il en triompha cependant grâce au calme et à la tranquillité de son âme et à la religieuse docilité avec laquelle il se soumettait aux prescriptions des médecins. L'unique chose qui aurait pu altérer sa sérénité , c'était la pensée que la charité des supérieurs lui interdirait ses chères missions. Ces œuvres de zèle étaient en effet la plus douce de ses consolations, et quand il recevait l'ordre de prendre part à quelque mission , il laissait éclater sa joie à la pensée de tout le bien qu'il entrevoyait. On jugea donc qu'il ne fallait pas lui imposer un sacrifice aussi pénible.

Au mois de juillet 1849, l'état de sa santé s'étant un peu amélioré , on crut pouvoir accorder à ses désirs une nouvelle mission au bourg de Pluneret , dans le voisinage de Sainte-Anne. Arrivé à Pluneret, il éprouva un vif pressentiment de sa fin prochaine, et l'impression en fut plus profonde encore, quand, en célébrant la sainte messe, il tomba un jour sur ce texte de saint Paul : *Je me sens près de ma fin et le temps de ma mort approche.* Il se fit aussitôt à lui-même l'application de ces paroles, et ne put s'empêcher de s'en ouvrir aux autres missionnaires, ajoutant toutefois qu'il n'avait pas osé prendre pour lui le reste du texte : *J'ai combattu le bon combat ; j'ai conservé la foi ; il ne me reste plus qu'à attendre la couronne de justice que le juste juge me réserve*[1]. Qui mieux que lui pouvait cependant se rendre avec vérité ce consolant témoignage ? Mais son humilité lui dérobait la connaissance de ses mérites.

Tout affaibli qu'il était par le travail de cette mission, il voulut encore suivre ses confrères dans une autre qu'ils allaient donner à Camors. Ce fut là le terme de la vie apostolique de l'homme de Dieu : ses forces secondant mal son zèle, il se vit obligé de se borner à un petit nombre de pénitents. Ses nuits étaient mauvaises, son sommeil agité, son épuisement extrême. « Je vais mourir, » disait souvent le saint homme; et il le disait avec ce calme que donne la pureté de conscience et qui ne l'abandonna pas un seul instant.

Depuis longtemps il demandait à Dieu de terminer sa carrière dans une mission, à l'autel, en chaire ou au confessional, et de *mourir*, ainsi qu'il s'exprimait, *les armes à la main ;* et cela au milieu des gens de le campagne, parce que, disait-il, les frais de ses funérailles seraient moins considérables que si, mourant dans la ville, il recevait les honneurs ordinaires de la sépulture. Tant était grand son amour pour la pauvreté religieuse ! La divine Providence n'exauça qu'en partie ses désirs : elle ne voulut pas priver ses Frères du spectacle touchant de ses derniers moments ; mais frappé à mort dans l'exercice même du zèle, il consomma son sacrifice au sein de la communauté qu'il édifia ainsi jusqu'à la fin par l'exemple de ses admirables vertus.

L'avant-dernier jour de la mission qui tombait un samedi 21 juillet, il éprouva une faiblesse qui obligea de le trans-

______
[1] II Tim., IV, 6 et 7.

2.

porter du saint tribunal au lit : il y passa le dimanche. Le lendemain , comme il se trouvait un peu mieux , il désira qu'on le reconduisît à Vannes, pour n'être point à charge au recteur. En descendant de voiture, il se mit au lit et demanda les derniers sacrements. D'après le conseil du médecin , on différa jusqu'au lendemain 24. Inutile de dire avec quels sentiments de foi et de pieuse simplicité il reçut la visite de son Sauveur , avec quelles expressions d'humilité il demanda à ses Frères le pardon de ses fautes. Le mal sembla perdre alors de son intensité, jusqu'au 30 juillet , veille de la fête de saint Ignace, que tout espoir de guérison s'évanouit.

Pendant tout le cours de sa maladie, la patience du saint religieux ne se démentit pas un seul instant. Il la puisait dans sa foi vive et dans la contemplation de notre divin modèle expirant sur la croix. Les douleurs violentes qu'il ressentait dans les moments de crise n'altéraient en rien l'aménité de son caractère. La crise passée, il disait quelques mots, le sourire sur les lèvres, ou laissait échapper quelques traits de cette aimable piété qu'on ne se lassait pas d'admirer. Ses yeux étaient habituellement attachés sur un crucifix suspendu au rideau de son lit , et en le contemplant, il priait doucement, et soupirait affectueusement. Après avoir ainsi tenu son regard fixé sur Notre-Seigneur, il se tournait toujours vers la muraille ; on eût dit qu'il voyait quelqu'un avec lequel il s'entretenait.

Quelques jours avant sa mort , baisant amoureusement son crucifix, il disait : *Mon Dieu, mes péchés vous ont coûté bien cher ;* et s'adressant à la sainte Vierge : *Vierge sainte,* ajoutait-il, *venez me chercher.*

Dans un des moments où il paraissait souffrir plus qu'à l'ordinaire, le P. recteur lui rappela ce texte : *In patientia vestra possidebitis animas vestras ;* Vous posséderez votre âme en patience. *Le bon Dieu veut vous purifier de plus en plus, et vous faire achever ici votre purgatoire — Oh!* répondit le P. Leleu, *j'irai en purgatoire pour expier mes petites misères, ou plutôt mes grandes misères — Du moins,* reprit le P. recteur, *vous n'y serez pas longtemps. Vous avez le scapulaire de la sainte Vierge. — Oui,* dit le malade, *et mon chapelet. J'espère bien,* continua-t-il, *que saint Dominique dont on célèbre la fête samedi, me délivrera, et la fête de N. D. des Neiges, qui tombera dimanche, me blanchira.*

Le 31 juillet, après avoir reçu pour la seconde fois la visite du vénérable évêque de Vannes [1] dont il était le confesseur, le P. Leleu eut, vers neuf heures et demie du soir, une crise violente à laquelle on crut qu'il ne survivrait pas. Elle dura près de deux heures. On récita autour de son lit les prières de agonisants auxquelles il s'unit en silence. Tous ses confrères étaient présents et compatissaient à ses souffrances. Jusque dans son délire, les pensées qui l'occupaient étaient des pensées de zèle; il parlait des missions, du salut des pécheurs : « Je pourrais bien, disait-il, aller prêcher, absoudre ces gens-là. » Il demandait la permission de se lever pour aller en mission, et il se mettait en devoir de prendre ses habits. « Mais, mon Père, lui di-

---

[1] Mgr de la Motte de Broons et de Vauvert, mort le 5 mai 1860. Ce pieux prélat exprima dans son testament la volonté d'être enterré dans le cimetière de la ville et à l'endroit le plus rapproché possible du monument élevé en l'honneur de son ancien confesseur.

sait-on pour le calmer, vous n'avez pas encore la permis-
son du R. P. recteur. » A l'instant l'obéissance, dont il
avait contracté l'habitude, lui fermait la bouche, et il ren-
trait dans son lit.

Cependant ce terrible accès céda au moment où l'on s'y
attendait le moins. On vit alors ce vénérable vieillard sortir du lit ses mains amaigries, les joindre ensemble, et la
joie peinte sur le visage, fixer les yeux vers un objet qu'il
semblait voir. Etait-ce pour remercier Dieu de l'avoir dé-
livré des douleurs qu'il venait d'endurer, ou bien se pas-
sait-il en lui quelque chose de surnaturel ? On l'ignore.

Lorsque la crise fut apaisée, et qu'il eut recouvré l'usage
de ses sens, il parla aux Pères réunis autour de lui comme
un homme qui reviendrait de l'éternité. « Ah ! qu'il fera
beau voir le jugement dernier, quand Jésus-Christ vien-
dra dans la gloire de son Père, accompagné de la multitude
des anges, tous d'une beauté plus ravissante que celle des
étoiles ! Qu'il sera beau de voir tout l'univers soumis à
Jésus-Christ, d'assister à son triomphe, d'entendre les paroles qu'il adressera aux justes : *Venez, les bénis de mon
Père*, etc. »

Après avoir ainsi parlé, regardant avec un sourire gra-
cieux ceux qui l'environnaient, il les pria d'aller prendre
du repos, les assurant qu'il ne mourrait que le lendemain
matin.

En effet, le lendemain 1er août, à cinq heures et demie
du matin, il demanda qu'on le mît sur son fauteuil. On se
rendit à ses désirs ; il paraissait assez fort, et on espérait
qu'il passerait la journée.

Il resta quelque temps dans cette position et il voulut

ensuite de se mettre à genoux. On refusa d'abord ; mais il fit tant d'instances qu'on crut devoir céder, ne fût-ce que pour un instant. A peine était-il à genoux, la partie supérieure du corps penchée sur le lit, les mains jointes, et la tête inclinée, que sanglotant et versant d'abondantes larmes, il répéta avec un sentiment profond d'humilité ces paroles de l'Église : *Parce, Domine ; Parce, Domine ;* Pardon, Seigneur ; Pardon, Seigneur. Bientôt les larmes cessèrent de couler : on n'entendit plus aucune parole.

Les Pères, craignant que le froid ne le saisît dans cette posture, essayèrent de le remettre au lit. Ils s'aperçurent alors qu'il venait d'expirer. Il était mort comme il avait vécu, en adoration, en demandant pardon pour lui et pour les pécheurs.

Quelques heures après la mort du vertueux prêtre, son corps, revêtu des ornements sacerdotaux, fut exposé sur une espèce d'estrade, pour satisfaire la pieuse curiosité des habitants de Vannes. Le concours fut général. Il continua jusqu'à neuf heures du soir, et il recommença le lendemain jusqu'à l'heure du service funèbre. Les uns baisaient les pieds du défunt, les autres le brancard où il reposait. D'autres faisaient toucher au saint corps des rosaires, des médailles, des scapulaires par milliers. On eut beaucoup de peine à empêcher qu'on ne mît ses vêtements en pièces. Une ouvrière de la ville, qui avait en sa possession un morceau d'un ses gilets, fut obligée de consentir à le couper pour en distribuer les parcelles.

On raconte que le jour même de l'enterrement du saint homme, les habitants de l'Ile-aux-Moines, ayant à leur tête le vicaire de la paroisse, vinrent en grand nombre au collège, pour voir encore une fois le visage de leur père : mais le cercueil était déjà fermé quand ils arrivèrent. Affligés de ce contre-temps, plusieurs d'entre eux voulurent au moins témoigner leur respect en faisant le tour du cercueil et en le baisant avec affection. Ce sont ces mêmes habitants de l'Ile-aux-Moines qui, dans une autre circonstance, laissèrent échapper un souhait qui marque la vénération dont ils étaient pénétrés pour leur apôtre. Quelques temps avant sa mort, comme il était tombé malade dans l'île, ces gens simples disaient avec naïveté : « Pourvu qu'il meure dans notre île. »

Ses obsèques furent célébrées avec la plus grande solennité. On y comptait deux cents ecclésiatiques. Le clergé des deux paroisses, toute la communauté, même les novices en surplis, le séminaire, le chapitre, et à sa tête l'évêque diocésain, voulurent honorer le service de leur présence. La cathédrale était déjà remplie à l'arrivée du convoi, et les rues que parcourait le cortége étaient encombrées d'une foule de peuple, accourue de la ville et des environs, pleurant celui qu'elle appelait son père et manifestant sa douleur avec cette piété naïve et affectueuse ordinaire aux populations de la Bretagne. Le curé de la cathédrale célébra la messe ; l'absoute et les autres cérémonies furent présidées par l'un des vicaires généraux.

Ces honneurs toutefois parurent insuffisants à la reconnaissance des habitants de Vannes. Dès le jour même de l'enterrement, on se concerta pour que le Père fût exhumé, et qu'on lui élevât un monument au moyen d'une souscription, où l'obole du pauvre devait se mêler à l'offrande du riche. On forma à cet effet une commission composée d'ecclésiastiques et de laïques pris dans toutes les classes de la société (1). L'administration civile elle-même voulut s'associer aux regrets et à la reconnaissance du peuple ; et en vertu d'une délibération du conseil municipal approuvée par le préfet, le terrain sur lequel devait être construit le monument fut cédé gratuitement. Le saint Père, comme on l'appelle, y est repré-

---

[1] Nous nous faisons un devoir de reproduire ici les principaux passages de la circulaire que la commission adressa aux différentes paroisses du diocèse, pour faire connaître l'objet de la souscription :

« Nous venons de perdre le R. P. Leleu, missionnaire du diocèse. Nous n'entreprenons pas de vous dire quelle a été parmi nous la vie de cet homme de Dieu. Il exerçait, depuis trente ans, le saint ministère dans le diocèse ; dans un grand nombre de nos paroisses il a confessé et prêché, plus encore par ses exemples que par ses paroles. Tout le monde sait donc qu'ainsi que le divin Maître, il a passé sur la terre en y faisant le bien.

« Les Morbihannais éprouvaient pour lui, dès son vivant, une sorte de vénération et l'ont fait éclater le jour de ses obsèques. Une foule immense l'a accompagné à la cathédrale et jusqu'au cimetière. Beaucoup de nos compatriotes ont pensé avec nous que cette marque d'amour et de vénération ne suffisait pas pour nous acquitter envers le P. Leleu. Ils ont cru — et l'initiative appartient aux classes ouvrières, pour lesquelles le P. Leleu avait un attachement particulier — ils ont cru qu'il était du devoir des Morbihannais d'ériger un monument sur le tombeau du saint missionnaire. Chacun comprend que, le caractère distinctif du P. Leleu ayant été une grande simplicité, une humilité extrême, le monument élevé en son honneur doit être en harmonie avec sa vie et n'avoir rien de somptueux. Une commission qui se compose d'hommes de toutes les classes de la société, a prié trois de ses membres, connus par leur capacité artistique et leurs sentiments religieux, de proposer un plan d'après cette donnée. Des souscriptions vont s'ouvrir à Vannes. Nous avons pensé que nos compatriotes des différentes parties du diocèse seraient désireux de prendre part à cette bonne œuvre, etc. »

senté à genoux, priant dans l'attitude qu'on lui avait vu si souvent prendre dans toutes les églises de la ville. Sur chacune des quatre faces du monument, on lit ces inscriptions latines, françaises et bretonnes :

HIC JACET

R. P. LUDOVICUS LELEU E SOCIETATE JESU,

NATUS IN PICARDIA 17 DECEMBRIS 1773,

DEFUNCTUS VENETIIS ARMORICORUM 1 AUGUSTI 1849,

STUDIO VENETENSIUM CIVIUM HOC MONUMENTO DONATUS
28 FEBRUARII 1850.

—

AMEN É REPOSE

EN ENTRU LOUEIS EL LEU A COMPAGNONÈAH JESUS,

GANNET É PICARDI ER 17^{et} DÉ HAG EN AVEND ÉR BLÆ 1773,

HA MARHUET É BOBL A ESCOPTI GUÉNED EN DÈS SAÜÈT ER BÉ MÈN
EN 28^{et} A HUÉHAVRER 1850.

—

CE FUT UN HOMME SIMPLE ET DROIT
ET
CRAIGNANT DIEU
(JOB II).

—

LAN OÉ A VANDELÈAH
A LEALDÆT
HAG A ZOUGEANCE DOUÉ
(JOB II).

Il n'y a pas de jour où maintenant encore de nombreux pèlerins ne visitent ce tombeau pour recommander leurs besoins au saint homme, ou pour le remercier des grâces attribuées à son intercession. Des couronnes d'immortelles, des *ex voto* y sont fréquemment déposés, et on emporte même par dévotion des parcelles de la terre qui le recouvre.

Un respectable curé de Vannes disait, il n'y a pas longtemps, que très-souvent il recevait la demande de messes d'actions de grâces pour une faveur obtenue par suite d'un pèlerinage au tombeau du P. Leleu. Il citait entre autres une famille des environs d'Hennebon, qui, étant venue solliciter la guérison, désespérée d'ailleurs, d'une personne bien chère, avait trouvé à son retour que la faveur avait été accordée. Elle écrivit aussitôt pour faire dire une messe d'actions de grâces à la paroisse sur laquelle le cimetière est situé.

Une mère de famille avait un enfant attaqué de la fièvre. Sa confiance dans le P. Leleu lui suggéra la pensée de faire une neuvaine sur sa tombe. Le neuvième jour, l'enfant se trouvait beaucoup plus mal. La fièvre était si violente, que la mère n'attendait plus que le dernier moment de son fils; mais, après le neuvième jour, la fièvre le quitta, et depuis lors la maladie n'a pas reparu.

Les sept ou huit cents francs qu'on retire chaque année du tronc placé près de la tombe du P. Leleu, sont dus principalement à la reconnaissance pour des grâces ainsi obtenues. Combien n'en obtient-on pas, puisque la générosité des pauvres paysans bretons ne peut guère se manifester que par des pièces de monnaie de peu de valeur !

Quant à la chambre où le serviteur de Dieu a rendu le dernier soupir, les dispositions adoptées pour la construction du collége Saint-François-Xavier n'ont pas permis de la conserver intacte. Elle fait aujourd'hui partie d'une des salles d'étude de l'établissement ; mais, afin de perpétuer le souvenir du vénérable Père, on a placé entre les deux fenêtres qui éclairaient cette chambre une inscription ainsi conçue : *Hic requievit in pace Christi Deo et hominibus dilectus cujus memoria in benedictione R. P. Ludov. Leleu Soc. Jesu. Vixit annos LXXVI*[1]. Cette inscription est gravée sur cuivre. Elle est surmontée d'un socle qui porte la représentation du monument érigé dans le cimetière de la ville.

Ces détails peuvent donner une idée de la vénération dont est environnée la mémoire du P. Leleu à Vannes et dans tous ses environs. On ne l'appelle pas autrement que *le saint, le bienheureux Leleu ;* et ce sentiment était partagé, même de son vivant, par les hommes de toutes les opinions. Un témoin oculaire a raconté qu'ayant eu occasion de recevoir chez lui un républicain exalté, la conversation s'engagea sur les jésuites : « Je ne sais pas ce qu'on veut à ces pauvres jésuites, dit le démocrate ; je n'en connais qu'un seul ; c'est un saint. Je me jetterais à ses pieds pour les lui baiser. » Il parlait du P. Leleu.

Avant de terminer cette notice, offrons au pieux lecteur de nouvelles preuves d'une vérité qui ressort de tout ce que nous avons raconté jusqu'ici, c'est que le P. Leleu savait allier merveilleusement une vie tout intérieure et

---

[1] Ici s'est reposé dans la paix de Jésus-Christ le R. P. Louis Leleu, de la Compagnie de Jésus : chéri de Dieu et des hommes, sa mémoire est en bénédiction. Il a vécu soixante-seize ans.

cachée en Dieu avec le zèle le plus actif pour le salut des âmes, et la pratique des plus admirables vertus. « Sans la vie intérieure, a-t-il écrit quelque part, ceux qui travaillent pour les autres obéissent souvent à l'impression de la nature; leurs actions de zèle sont entachées de bien des recherches d'amour-propre, et de là que de dangers! Jamais ils ne seront bien purifiés de leurs défauts. Ce n'est pas assez de faire les choses que l'on doit faire, il faut s'étudier à les faire selon la volonté de Dieu; car pour que nos actions soient parfaites, elles doivent être en tout conformes à la volonté de Dieu.

« Et où apprend-on cela ? Dans l'intérieur; et voilà ce qui mène à la vie d'union avec Dieu.

« Pour être utiles au prochain, sans être nuisibles à nous-mêmes, il faut le recueillement, l'oraison, l'humilité, la familiarité avec Dieu dans l'intérieur. Alors il y aura plus de perfection pour nous, plus de profit pour le prochain, plus de gloire pour Dieu. Si nous ne veillons pas sur notre intérieur, il se glisse dans notre âme bien des fautes que nous ne verrons qu'à l'heure de la mort.

« Le démon et la nature ont beaucoup de part dans nos empressements et nos occupations extérieures; et de là, assez souvent, au moins des péchés véniels qui causent la diminution des lumières, des inspirations divines, des consolations spirituelles, des secours de la grâce, et qu'arrive-t-il? On est faible pour résister au mal. Voilà ce qui arrive quand on ne veille pas sur l'intérieur.

« Si votre âme est absente de chez elle, les dons du Saint-Esprit et les grâces sacramentelles demeurent sans fruit. Ah! qu'il est dangereux de négliger l'intérieur e d'ignorer ce qui s'y passe! On se laisse enchanter par ce qu'il y a d'éclatant dans les emplois extérieurs, et la nature y a beaucoup de part. Le cardinal du Perron témoigna à la mort le repentir de s'être plus occupé à cultiver son esprit par les sciences que son âme par la vie intérieure.

« Bien des saints et des saintes, entre autres saint Paul, ermite, et saint Antoine, sont devenus de grands saints, sans avoir fait de grandes choses : leur mérite était dans la vie intérieure, dans la vie cachée. Prions Dieu de nous y attirer, de nous y perfectionner pour notre propre bonheur et pour sa gloire.

« Le Saint-Esprit ne manque pas de nous éclairer : 1º si nous suivons bien les lumières connues, nos devoirs, etc.; 2º si nous nous corrigeons de nos péchés, de nos imperfections ; 3º si nous empêchons nos sens de s'égarer et de nous souiller par leurs déréglements ; 4º si nous sortons peu de notre intérieur et si nous y rentrons promptement ; 5º si nous faisons voir à notre supérieur ou à notre confesseur ce qui se passe dans notre âme : voilà le chemin qui conduit aux lumières du Saint-Esprit. »

Dans un autre écrit, qui traite également de la *vie intérieure*, il s'exprime ainsi :

« Union de la volonté à celle de Dieu ; attrait pour les choses divines. Pour cela, il faut :

« 1º Un entendement dégagé de soins superflus, de pensées inutiles, et qui veille sans cesse à la garde du cœur, de ce cœur qui a des désirs infinis et qui est sans cesse en mouvement pour se contenter hors de Dieu, si nous n'y prenons garde ;

« 2º Une volonté affranchie des passions, des affections

qui portent l'âme aux choses extérieures, et inclinée au recueillement pour jouir de la très-sainte et honorable société des trois personnes divines qui font avec délices leur
demeure dans le cœur de l'homme en état de grâce.

3° Un cœur vide des choses propres à troubler par des
affections ou des aversions naturelles, et enfin des sens
soumis à l'empire de l'esprit. Alors l'âme peut jouir d'une
paix profonde. Voilà comme on devient intérieur. On rapporte à Dieu tout ce qu'on fait, et on ne fait rien sans le
consulter, et que pour lui plaire. Sans ce fondement, les
grâces ne tiennent pas. Elles ne sont que comme des carac-
tères formés sur le sable, et qui disparaissent au premier
vent. Dieu veut faire sa demeure dans la paix de l'esprit,
et dans la retraite d'une âme qui n'est point sujette au
libertinage des sens, ni troublée par des embarras inutiles.

« Nuit de l'âme. Privation de toute satisfaction des sens,
comme s'il n'y avait que Dieu et elle au monde, et qu'il
fût nuit pour le reste. O heureux état! ô paradis commencé!
Les attaches aux créatures, les satisfactions qu'on y recher-
che et qu'on croit y retrouver, causent en nous de bien funestes effets. Ces attaches souillent l'âme, l'aveuglent, l'af-
faiblissent, l'éloignent de Dieu, l'entraînent dans bien des
fautes, la privent de bien des grâces, de bien des degrés
d'amour que Dieu aurait de plus pour elle, et qu'elle aurait de plus pour Dieu. Ces attaches attirent sur l'âme les
châtiments de Dieu, nourrissent ses passions, ses déréglements, la tiennent dans ses défauts, ses imperfections, et
l'exposent à des chutes funestes, dont elle ne s'aperçoit
malheureusement que bien tard. »

On nous pardonnera la longueur de ces extraits. Ils font
3.

connaître mieux que toutes nos paroles l'esprit qui animait le saint homme ; et ce qu'il conseillait aux autres, il le pratiquait le premier. Sa vue seule inspirait le respect pour la présence de Dieu. On admirait dans tout son extérieur je ne sais quoi de calme, de serein, j'ai presque dit de céleste, qui rayonnait sur sa figure, et qui le faisait regarder comme un homme de Dieu et vénérer comme un saint.

Il était tellement uni à Dieu qu'il ne pouvait presque supporter une autre conversation. Toutes les fois qu'en sa présence on s'entretenait de choses profanes, il paraissait froid et indifférent, et gardait ordinairement le silence ; mais le discours tombait-il sur quelque sujet spirituel, il se mêlait alors avec plaisir à la conversation, et il le faisait de manière à dilater les cœurs et à les porter à l'amour de Dieu. Faire aimer Dieu était pour lui un besoin de tous les instants; et il l'a tant aimé lui-même que les Pères de la maison disaient en présence de son cadavre : « Si Dieu en jugeant le P. Leleu voulait le condamner, sur quoi pourrait porter sa condamnation ? Il a été son plus grand ami. On ne l'a jamais rien vu faire de mal : il n'a fait que de bien : *Pertransiit benefaciendo*[1]. »

---

[1] Voici quelques oraisons jaculatoires familières au saint homme, elles feront connaître de quel amour de Dieu son cœur était dévoré : « Ah ! Jésus, si je pouvais me donner à moi-même ce que je désire, que je me donnerais un grand amour pour vous ! — Que tous les saints désirs des bienheureux soient comme autant de bouches qui prient pour moi, ô mon Dieu ! et qui demandent pour moi votre saint amour ! — Mon Dieu, je vous offre l'amour du Cœur de Jésus pour ceux qui ne vous aiment pas. — Mon Jésus, je vous offre les bonnes communions de votre sainte Mère, pour vous dédommager

L'esprit de foi dont il était rempli lui faisait envisager sans cesse la puissance, la grandeur de Dieu dans les créatures, sa bonté, sa justice, toutes ses perfections. C'est dans cet esprit qu'il avait contracté l'habitude de voir Jésus-Christ dans la personne du prochain, comme dans son image. De là le soin de ne jamais parler en mal de qui que ce soit : de là ces attentions pleines de prévenance et de délicatesse avec lesquelles il s'efforçait de rendre à tous les services qui étaient en son pouvoir.

On comprendra facilement après cela avec quelle facilité le P. Leleu savait profiter de tout pour parler de Dieu, pour s'élever vers lui et pour en rappeler le souvenir aux autres. Aussi, quand les novices le voyaient s'approcher d'eux pendant les récréations, ils l'entouraient avec empressement. Il entrait en matière sur-le-champ en les interrogeant sur un sujet pieux. « Il assaisonnait toutes ses paroles de gestes très-expressifs, dit l'un de ces jeunes gens ; il mêlait aux choses les plus relevées de la spiritualité des réflexions très-piquantes ; et le ton qu'il donnait à ses expressions permettait de l'écouter avec plaisir et intérêt. Jamais la récréation des novices n'était plus animée, ni plus joyeuse,

de toutes celles qui ne sont pas faites avec assez de ferveur. — Ou aimer, ou mourir. — O Sauveur de nos âmes ! faites que je chante éternellement : Vive Jésus que j'aime ! Vive Jésus, mon amour ! J'aime Jésus qui vit pendant les siècles des siècles ! — O Dieu de bonté ! faites qu'avant de mourir, je fasse quelque chose digne de vous ! — Oh ! Jésus, mon Dieu et mon tout ! faites que tout le reste ne me soit rien ! — Oh ! mon Dieu, je veux mourir pour vous plaire ; du moins plutôt mourir mille fois que de vous déplaire jamais. — Esprit-Saint, sanctifiez-moi. Esprit de lumière, éclairez-moi. Esprit d'amour, donnez-moi votre saint amour. »

ni en même temps plus édifiante que dans les courtes apparitions du P. Leleu. »

Mgr Vérolles, vicaire apostolique de la Mantchourie, était venu rendre visite aux Pères de la maison de Vannes. A peine fut-il sorti que le P. Leleu s'adressant à deux de ses Frères qu'il rencontra : « Savez-vous bien, leur dit-il, à quoi je pensais pendant la visite de ce vénérable prélat ? » Sur la réponse négative des novices. « Eh bien, je me demandais ce qu'aurait dit le saint évêque, si quelques minutes après son arrivée, tous les Pères l'abandonnant successivement l'eussent laissé seul dans la salle. » — « Mais, mon Père, s'écrièrent les novices, il nous eût pris et à bon droit pour des hommes mal élevés. » — « Je suis de votre avis, ajouta l'homme de Dieu : cependant combien de chrétiens en agissent de la sorte avec Notre-Seigneur ! Dès qu'ils l'ont reçu dans la sainte communion, ils le laissent seul au milieu de leur cœur sans penser plus à lui que s'il n'était pas venu les visiter. »

Un jeune homme l'aidait à monter l'escalier : « Mon ami, lui dit le P. Leleu, tâchons de bien monter au ciel. Vous voyez ; j'ai un bâton pour m'appuyer, parce que je suis vieux. Mais tous nous avons besoin d'un bâton, pour monter au ciel. Ce bâton, cet appui, c'est Notre-Seigneur : ne l'abandonnons pas. »

Un novice lui mettait son petit manteau : « Que la sainte Vierge vous couvre de son manteau royal, » lui dit le P. Leleu en signe de reconnaissance.

Une autre fois, on ouvrait une porte devant lui. « Que le Seigneur, dit-il, vous ouvre la porte du ciel. »

Quand on lui portait sa lampe nettoyée: « Que Dieu, disait-il, répande sur vous l'onction de sa grâce. »

Un jour on lui fit attendre assez longtemps une chose dont il avait besoin. Comme on lui témoignait la peine que causait ce retard : « Je n'ai rien à dire, répondit-il; nous avons fait attendre bien plus longtemps le bon Dieu. »

Comme on lui remettait un saint du mois dont la sentence portait que la science et la charité pouvaient beaucoup servir à la gloire de Dieu : « La science, dit le P. Leleu, ce n'est pas mon affaire. Je tâcherai alors d'avoir un peu plus de charité. » — « Voici une croix sans crucifix, disait-il à un représentant du Morbihan partant pour Paris. Tâchez de vous y crucifier à la place de Notre-Seigneur, si sa gloire le demande. »

Des réflexions qui, dans la bouche d'un autre, auraient pu quelquefois paraître étranges, il les faisait avec une simplicité et un naturel qui n'inspiraient que l'admiration. Ainsi quand il récitait l'*Angelus*, il aimait que le mot *Jesus* à la fin de la première partie de l'*Ave, Maria* fût bien entendu. Un jour qu'il donnait le salut du Saint-Sacrement, il s'aperçut que l'empressement à reprendre *Sancta Maria*, ne permettait pas d'entendre prononcer le nom du divin Sauveur: « Mes Frères, dit le P. Leleu après le salut, la sainte Vierge n'est pas contente de notre *Angelus*, parce que rien ne lui est aussi agréable que le mot *Jesus*, et vous empêchez Marie de l'entendre. »

« Savez-vous, mes Frères, disait-il une autre fois, quel est le moyen de ne jamais être puni de nos péchés ? C'est d'en demander pardon à Dieu, aussitôt la faute commise.

Notre-Seigneur a un livre, *liber scriptus proferetur*. Sur ce livre il marque tous nos défauts ; si on lui demande pardon sur-le-champ, surtout si on lui promet sincèrement de ne plus l'offenser désormais, il n'a pas le temps d'inscrire nos fautes. »

« Quand je rencontre les petits enfants avec leurs bonnes, disait-il encore, je parle aux petits sur la manière de prier Dieu, et les bonnes qui m'écoutent profitent aussi bien que les enfants. »

Interrogé par quelques-uns de ses jeunes confrères sur la pensée qui le jour de l'Annonciation l'avait frappé pendant son oraison : « Il m'a semblé, leur répondit-il, entendre mon bon ange qui m'avertissait que désormais il n'osait plus se charger de tous les *Angelus* que je récite pour les porter à Dieu et pour les faire inscrire sur le livre de vie. » — « Pourquoi donc, mon Père ? » demandèrent-ils impatients d'en savoir la raison. « C'est, continua le P. Leleu, que, semblable à un honnête homme qui craindrait de blesser la délicatesse en se chargeant de pièces de fausse monnaie, notre bon ange ne veut pas se charger de nos prières mal faites, qui ne ressemblent que trop à ces pièces de mauvais aloi. »

« J'ai parlé hier aux religieuses, disait-il le jour de l'Ascension, et je leur ai fait remarquer que si on reçoit avec dévotion la bénédiction du prêtre à la messe, on participe à la bénédiction que Notre-Seigneur donna à ses apôtres en montant au ciel. »

Le jour de l'Assomption il disait que le moyen de mourir avec joie et avec gloire, c'est de tâcher de mourir petit à petit pendant la vie, d'abord par la modestie des yeux, ensuite par la tempérance, après par la discrétion et la douceur dans les paroles, et ainsi du reste.

Comme toutes les âmes intérieures, le P. Leleu avait une dévotion particulière pour la sainte humanité du Sauveur, pour sa passion dont le souvenir lui faisait souvent répandre des larmes. Dans une de ses maladies, en mars 1847, on lui lisait un livre intitulé l'*Adorable Jésus*, livre charmant pour une piété aussi tendre que la sienne. « Je devais lire très-lentement, raconte le lecteur lui-même ; il me faisait arrêter très-souvent : ses yeux étaient mouillés de larmes. *Est-ce que vous n'êtes pas touché, mon cher Frère ?* disait-il. *Relisez*. Je relisais, et ses larmes coulaient plus abondantes. *Ah! voyez donc,* ajoutait-il, *comme Notre-Seigneur est bon ! Et nous ne l'aimons pas !* Et sa voix était entrecoupée de sanglots. »

Un jour de vendredi saint, on frappait à coups redoublés dans l'église, tandis qu'il était au confessionnal. « N'entendez-vous pas comme ils frappent ? dit le P. Leleu à la personne dont il recevait la confession. Il me semble entendre les coups des marteaux qui ont enfoncé les clous par lesquels Notre-Seigneur fut attaché à la croix. » Après ces paroles, le Père se tut. La personne attendit quelque temps, hésitant si elle devait rester ou se retirer. Elle se hasarda enfin à tourner les yeux vers lui. Elle le vit alors, la tête penchée, les bras croisés sur la poitrine : il poussait de profonds soupirs. Lorsqu'il fut revenu à lui : « Oh ! combien je souffre, dit-il ; terminez votre confession. » Et après avoir dit quelques mots à la personne, il la congédia.

La Sainte-Trinité était aussi pour lui l'objet d'un culte

particulier [1]. « Je prenais grand plaisir, écrit un de ses confrères, à lui entendre réciter le *Gloria Patri.* » « On n'a pas assez de dévotion au Saint-Esprit, disait-il quelquefois : il est l'époux, le sanctificateur de nos âmes. On oublie généralement trop de s'adresser à lui. Notre esprit est borné et imparfait. Il faut qu'il s'adjoigne un autre esprit, celui de Dieu même, qui supplée à toutes nos misères. »

Toutes les pratiques autorisées par l'Église, telles que l'eau bénite, le signe de la croix, lui étaient chères et précieuses. Il conseillait de s'arrêter un peu, avant de faire le signe de la croix, et de prononcer intérieurement ces paroles : *J'ai été baptisé* au nom du Père, etc. « Cette pratique m'est utile, disait-il, parce qu'elle m'excite à bien

---

[1] Voici un petit écrit qu'avait inspiré à l'homme de Dieu sa dévotion envers l'admirable Trinité, et qu'en 1844 il fit imprimer, avec l'approbation de l'autorité ecclésiastique :

« HONNEUR ET GLOIRE A LA SAINTE TRINITÉ.

« Dieu le Père, la première personne divine, contemplant son être et ses perfections, et se connaissant parfaitement, produit en soi, de toute éternité, une image totalement égale et semblable à lui-même, et sans être séparée de lui.

« Cette image n'est pas accidentelle et passagère comme celles que nous formons dans notre esprit, et comme celle qui paraît à nos yeux quand nous nous regardons dans une glace, et qui se dissipent bientôt ; mais cette image, que Dieu se forme de lui-même, est une image permanente, substantielle, et de la même substance que le Père qui la produit ; et c'est là le Fils, la seconde personne divine, image vivante, consubstantielle du Père, égale à lui en toutes choses.

« Le Père contemplant son image vivante, c'est-à-dire son Fils, et voyant qu'il possède substantiellement toutes ses perfections, il l'aime d'un amour infini, et il y trouve son bonheur.

« Et le Fils réciproquement considérant en son Père, comme dans

faire le signe de la croix, et qu'elle me rappelle le baptême auquel nous devrions penser plus souvent. »

Le P. Leleu visitait assidûment le très-saint sacrement, souvent même la nuit. Il avait désiré et obtenu la chambre la plus voisine de la chapelle, et il s'était imposé une multitude d'exercices pieux envers cet adorable mystère. C'est là que, autant qu'il le pouvait, il récitait son office, et presque toujours à genoux. Tous les soirs, avant de s'endormir, il faisait en esprit un pèlerinage dans chacun des lieux de la ville où reposait le saint sacrement, et il le saluait par ces paroles : *Vive Jésus à Saint-Pierre, Vive Jésus à Saint-Paterne !* parcourant ainsi, par la pensée, tous les lieux où la sainte Eucharistie était conservée.

On dit encore qu'en se rendant à la cathédrale pour l'exercice de son ministère, il faisait un assez long circuit,

son principe, la même nature, les mêmes trésors, les mêmes perfections qu'il reçoit de lui ; il l'aime également d'un amour infini, et il y trouve également son bonheur.

« Et cet amour qui procède du Père et du Fils, et qui n'est qu'un seul et même amour, c'est le Saint-Esprit, la troisième personne divine, Esprit de sainteté, Esprit de vérité, Esprit de lumière, Esprit d'amour et tout amour, et qui trouve également son bonheur à être le parfait amour du Père pour le Fils, et du Fils pour le Père.

« O bienheureuse Trinité ! ô très-sainte société du Père, du Fils et du Saint-Esprit ! trois personnes parfaitement heureuses dans votre saint amour, un seul Dieu présent partout, et qui, nous ayant créés par amour, avez un ardent désir de faire votre demeure dans notre cœur, pour commencer notre bonheur sur la terre, en attendant que vous puissiez nous voir heureux avec vous dans le Ciel ; ô très-sainte Trinité ! Ah ! quand je me souviens de vous, j'y trouve de la joie ; mais je serai rassasié quand je vous verrai dans votre gloire. Je ne mérite pas ce bonheur, mon Dieu ; mais je l'espère à cause de vos promesses et des mérites de Jésus-Christ. Ainsi soit-il. »

afin d'avoir occasion de saluer, au moins en passant et d'un signe de tête, les différents sanctuaires qu'il rencontrait sur sa route. *Notre-Seigneur est là*, disait-il, lorsqu'on semblait s'étonner, *et puis encore là*. On raconte qu'un jour le fervent religieux arrivait dans une paroisse pour donner la mission. Sa monture n'était rien moins qu'élégante ; mais, en revanche, elle était fort paisible. La saison et l'état des chemins ne permettaient pas l'usage d'une voiture. A quelque distance en avant du village, se trouvaient les ruines d'une vieille église, depuis longtemps abandonnée. Le P. Leleu descend péniblement, et se dirige vers ces ruines. Il s'agenouille, et baise pieusement quelques pierres qui restaient encore d'un pilier du sanctuaire : *Notre-Seigneur a été offert ici*, disait-il aux paysans surpris qui l'accompagnaient, *ces pierres l'ont abrité. Elles sont dignes de notre respect, puisque la présence de ce grand roi les a en quelque sorte consacrées*. Ce fait fut promptement connu, et il contribua à préparer le succès de la mission qui fut complet.

On comprendra aisément, après un pareil trait, que son recueillement profond et sa tenue extérieure dans le lieu saint annonçaient la foi vive et l'esprit de piété dont il était pénétré. Au salut il semblait toujours vouloir contempler Notre-Seigneur. Il suivait des yeux, avec une simplicité touchante, la main du prêtre qui le replaçait dans le tabernacle ; et s'il ne le pouvait voir, il avançait son siége, et penchait la tête comme pour le considérer jusqu'à la fin. Son attitude ressemblait à celle d'un enfant qui s'entretient avec son père.

Mais c'était surtout quand il se croyait seul à la chapelle

qu'il donnait un libre cours aux élans de sa ferveur. Un témoin oculaire raconte qu'un soir, après le salut, le fervent religieux étant resté dans le lieu saint pendant la première table et croyant n'avoir d'autre témoin que Dieu, se jeta le visage contre terre, et y resta jusqu'au moment où la cloche qui annonçait la seconde table se fit entendre.

Il répétait souvent que Notre-Seigneur se plaît à nous voir approcher de la sainte communion, parce que dans le tabernacle il est comme dans une espèce de prison, et en communiant nous l'en délivrons. « On doit, ajoutait-il, veiller sur soi pour éviter les distractions, quand il se donne à nous. Se distraire alors, ce serait ressembler à un homme qui regarderait par la fenêtre au moment où il recevrait la visite d'une personne qui aurait droit à ses respects. »

Cette dévotion envers la sainte Eucharistie se manifestait surtout quand il s'agissait du saint sacrifice de la messe. On en peut juger par la manière touchante et pénétrée dont il en parlait, par les larmes qu'il répandait surtout dans les derniers mois de sa vie et pendant le carême de 1849. Il lui arrivait même parfois d'avoir la voix entrecoupée, par suite de l'émotion qui s'emparait de lui. « Mon office, écrit un de ses Frères, m'a permis, plus qu'à tout autre, d'en faire la remarque. Lorsque j'étais seul à lui servir la messe, il ne prenait plus soin de cacher ses consolations ; et ses larmes coulaient avec plus d'abondance. Je le voyais souvent contempler la sainte Hostie, se pencher sur elle avec une sorte de tendresse affectueuse, et des pleurs sillonnaient son visage. Lorsque la messe était terminée, je ne manquais jamais de le faire causer un peu, pour recueillir quelque étincelle du feu qui l'embrasait alors. Ses paroles toutes brûlantes, et cependant toujours si pleines de smiplicité, me touchaient jusqu'aux larmes ; c'est ainsi qu'il me dit un jour en pleurant : « Lorsqu'au canon, je mets les mains au-dessus du calice, je me représente Notre-Seigneur au jardin des Olives, demandant à son Père de décharger sur lui seul tout le poids de sa justice. Quel lourd fardeau, ô mon Dieu ! me dis-je alors à moi-même, j'ai chargé sur vos épaules ! car mes péchés sont bien nombreux. »

C'était avec une consolation toute particulière qu'il célébrait la sainte messe, pendant laquelle il devait consommer la grande hostie que l'on expose dans l'ostensoir.

Ces sentiments de dévotion, il s'efforçait de les faire passer dans le cœur des autres. Il indiquait aux Pères novices avec lesquels il était en rapport mille petites industries pour s'entretenir dans la piété pendant la célébration des saints mystères.

« On doit éviter, disait-il, de jeter la sainte hostie sur le corporal : la sainte Vierge déposait doucement Notre-Seigneur dans son berceau. On ne doit pas non plus placer brusquement la pale pour recouvrir le sang précieux : la sainte Vierge le recouvrait avec respect de sa couverture. On ne doit pas tourner le feuillet en faisant la génuflexion, après la consécration : cela n'est pas respectueux ; il faut tâcher de se mettre dans les dispositions où était la sainte Vierge quand elle adora Notre-Seigneur après sa naissance. »

« Savez-vous, disait-il encore, pourquoi le prêtre fait comme un signe d'invitation au *Dominus vobiscum ?* Si c'est avant la consécration, c'est pour demander vos cœurs, afin de les offrir à Dieu sur la patène ; si c'est après, c'est pour vous les rendre consacrés à Dieu. »

Il aimait à offrir au Père Éternel les hommages que lui rend son Fils Jésus-Christ Notre-Seigneur, et il s'efforçait d'inculquer cette pratique aux autres : « Mon Dieu, disait-il, je ne sais point vous aimer ; mais votre divin Fils le sait bien, et cette pensée me console. » Une autre fois, il disait : « Je dis souvent au bon Dieu : Mon Dieu, je ne sais pas ce que je deviendrai après ma mort ; mais ce que je sais, c'est que je serai toujours satisfait, parce que Notre-Seigneur vous aimera bien pendant toute l'éternité. »

Après Notre-Seigneur, le plus cher objet de sa dévotion était l'auguste Marie. Il l'appelait ordinairement Notre Dame, et n'en parlait qu'avec le plus grand respect. Étant un jour en récréation avec les novices, il se mit à raconter les douleurs de Marie, lorsqu'elle perdit Notre-Seigneur à Jérusalem. Il le fit avec un sentiment si vif et une onction si pénétrante, que ses larmes coulèrent en abondance. Il ne passait jamais devant une statue de la sainte Vierge sans la saluer de la manière la plus gracieuse, même quand il allait à l'autel. Lorsqu'il récitait le chapelet avec un compagnon, il demandait qu'on le récitât très-posément. Chaque parole du *Pater* et de l'*Ave* était accentuée, et semblait être comme une prière à elle seule.

Le P. Leleu honorait aussi les saints anges d'un culte tout particulier. En arrivant dans les bourgs où il allait donner une mission, son premier soin était d'intéresser les anges, protecteurs du lieu, à la conversion des habitants ;

et quand *il avait fait ses semailles* (pour me servir de son expression), il préposait des anges à la garde du bourg, et leur en remettait le soin jusqu'à ce qu'il revînt.

« Lorsqu'on voit une nombreuse assemblée, disait-il, on pense à ceux qui la composent et qu'on voit; et l'on ne pense pas aux princes de la cour céleste qui se trouvent en grand nombre dans cette assemblée. »

Il ne se rencontrait jamais avec ses jeunes confrères sans leur recommander la piété envers les saints anges. Il avait coutume de substituer à sa place ces bienheureux esprits pour honorer le saint sacrement. Le soir, en quittant la chapelle, il les invitait à le remplacer. Il faisait la même chose quand il visitait une église; il chargeait toujours alors un ange de le remplacer jusqu'à son retour; et il conseillait aux autres ces pratiques de dévotion. Il conseillait aussi, pour bien assister à la sainte messe, de déposer ou de faire déposer sur la patène par leur bon ange, au moment de l'offertoire, leur cœur, fût-il tout malade et tout froid, et de demander qu'il fût changé à la consécration : se figurer alors que, vraiment, il est changé, en remercier le Seigneur, et bien écouter ce qu'il exige de nous.

Il avait encore adopté l'usage de se découvrir devant les personnes qu'il rencontrait, et de saluer leur ange gardien; souvent, même, il s'inclinait et semblait prier en vous abordant. Si on lui en témoignait son étonnement : « Je salue votre bon ange, disait-il; saluez le mien, et chargez-le d'offrir mon cœur à Notre-Seigneur. »

Ce salut adressé à l'ange gardien des personnes qu'il rencontrait, fut le principe de la conversion d'un habitant de Vannes. Le fait est assez remarquable pour trouver ici sa place. Cet homme vivait à peu près étranger à la vie chrétienne, et il était très-adonné à l'ivrognerie. Sa maison était un objet de scandale pour ses voisins. Sa femme et ses sept ou huit enfants gémissaient de son inconduite, et déploraient leur malheur et le sien. Il tomba malade, et comme le mal s'aggravait, on lui suggéra la pensée de faire appeler un prêtre. *J'ai bien vécu sans eux,* répondit-il brusquement, *je mourrai bien sans eux.* Cependant la maladie ne laissant plus d'espoir de guérison, on le voyait avec douleur persévérer dans son impénitence. On se hasarde à lui parler de nouveau d'un prêtre. Rien ne peut vaincre son obstination ; et on finit par l'abandonner à son endurcissement. Cependant, après quelques moments de réflexion, il change tout à coup de sentiment et de langage, et dit à sa femme : *Je verrai volontiers un vénérable prêtre que je rencontre souvent dans la ville : il me salue en disant quelques paroles que je ne comprends pas ; allez le chercher.* Ce vénérable prêtre était le P. Leleu ; ces paroles que le moribond ne comprenait pas étaient le salut à l'ange gardien. Le Père se hâte de se rendre auprès du malade, le confesse, et d'un pécheur impénitent il fait un prédestiné ; car, peu de jours après, il mourait dans de grands sentiments de piété.

Voici un autre trait où le P. Leleu se peint tout entier, et qui prouve quel profit il savait tirer de sa dévotion aux saints anges, pour ramener au devoir ceux qui s'en écartaient.

Dans le temps qu'il était professeur au petit séminaire de Montmorillon, il dut adresser des reproches à un élève dont la conduite était répréhensible. Comme l'élève, malgré les réprimandes de son professeur, continuait à abuser de sa patience, le P. Leleu le menaça de le mettre à la porte de la classe. « Vous mériteriez, lui dit-il avec calme, que je vous chasse de la classe; mais cela m'affligerait trop; il y aurait un ange de moins au milieu de nous; car votre ange gardien vous accompagnerait au dehors. » Toute la classe fut frappée de cette réflexion, à laquelle personne ne s'attendait, et le jeune étourdi rentra dans l'ordre.

La dévotion du P. Leleu s'étendait à tous les saints dont le nom est mentionné au martyrologe. Quand il en entendait la lecture, on le voyait à chaque nom incliner la tête comme on le fait au *Gloria Patri*, afin d'honorer ces heureux amis de Dieu. Il en avait aussi choisi quelques-uns qu'il invoquait à chaque marche, lorsqu'il montait les escaliers.

Cet esprit d'une piété tendre s'unissait merveilleusement dans le P. Leleu avec la pratique des plus solides vertus. C'était une de ses maximes qu'on devait joindre les efforts constants de la volonté qui caractérisent la vraie vertu au sentiment de la dévotion, et éviter, par conséquent, deux écueils qui se rencontrent dans la vie spirituelle : négliger la réforme de soi-même, et n'avoir en vue que les consolations de la piété; négliger le soin de bien remplir ses exercices de piété, et se priver par là des faveurs du Ciel qui y sont attachées. Aussi, lorsqu'on se recommandait aux prières du saint homme : « Volontiers, disait-il, mais à la condition que vous-même prierez bien pour vous. »

Ce qu'il conseillait aux autres, il le pratiquait le premier.

Son humilité consentait avec peine à être servie, même par les Frères coadjuteurs. Il allait lui-même chercher son bois au bûcher ; et si quelqu'un, le voyant se traîner péniblement dans les escaliers, offrait de le décharger de son fardeau, il remerciait et disait agréablement : « Cela me réchauffe deux fois. »

Rencontrant un de ses Frères qui balayait un corridor, il dit, en montrant son cœur : « Il y a là bien plus de poussière. »

On lui demandait un jour s'il n'avait pas craint de mourir dans une maladie grave dont il venait d'être attaqué. Il répondit qu'il sentait que son heure n'était pas arrivée, et il ajouta, en versant des larmes : « Je lisais ce matin, dans l'Évangile, un trait qui me concerne, c'est celui où le Père de famille demande un délai d'un an pour l'arbre stérile. Hélas ! je suis cet arbre : je n'ai encore rien fait de bien ; et le bon Dieu me laisse vivre pour voir si je ne finirai pas par produire quelque fruit. »

Pendant sa dernière maladie, il exprima à un Père la crainte que saint Ignace ne l'accueillît pas bien au sortir de ce monde, parce que, disait-il, *il avait mal servi la Compagnie.*

Ce sentiment d'humilité lui inspirait aussi la plus vive reconnaissance pour les moindres services dont il se jugeait indigne. Il avait toujours sur les lèvres, dans ces sortes d'occasions, quelque parole aimable et pieuse.

Semblable au divin Maître qu'il avait pris pour modèle, à l'humilité le P. Leleu joignait la douceur, mais

une douceur vraiment incomparable, que rien n'était capable d'altérer, et dont le spectacle a suffi pour laisser des
impressions que le temps n'a pu effacer, et qui ont porté
leurs fruits. Un des anciens élèves de Saint-Acheul disait
après quarante ans écoulés que le Père qu'il n'oubliera
jamais, et dont la pensée lui faisait encore le plus de bien,
c'était le P. Leleu qui avait été son professeur et son confesseur. Sa bonté, ses attentions paternelles, sa sévérité
même qu'il ne manifestait que quand il y était forcé, n'a-
vaient jamais cessé depuis lors d'être présentes à sa mémoire.

Il passait un jour par une des rues de Vannes, et y fut
attaqué par un chien qui vint se jeter sur lui en aboyant,
et qui alla jusqu'à lui saisir la soutane avec les dents. Le
P. Leleu, sans rien perdre de son calme, s'adressa au chien
et se contenta de dire avec douceur autant du geste que
de la voix : « Allons, allons, petit chien : vous êtes bien
méchant ; calmez-vous donc. Allons, allons, taisez-vous ; »
et il continua sa marche.

Le propriétaire du chien, qui se trouvait à sa porte,
frappé de la douceur du Père, demanda quel était donc
ce prêtre ? On lui nomma le P. Leleu. « Eh bien, dit-il
alors, si jamais je vais à confesse, je n'en veux pas d'autre
que lui. » A quelque temps de là, il fut attaqué d'une maladie grave et il fit appeler le P. Leleu. Celui-ci se hâta de
se rendre à son invitation. « Me reconnaissez-vous, mon
Père ? dit alors le malade. — Non, mon ami, répondit le
P. Leleu. Je ne me rappelle pas vous avoir jamais vu. —
Eh bien, moi, je vous ai souvent vu quand vous pas-
siez devant ma maison : je vous connais. Je suis la per-

sonne dont le chien vous mordit la soutane à telle époque et dans telle rue. Je fus si étonné de la douceur avec laquelle vous le traitâtes en cette occasion que j'ai promis que, si je me confessais, ce ne serait jamais qu'à vous. Veuillez donc m'entendre, mon Père, et me préparer à paraître devant Dieu. Je suis un grand pécheur. »

La pauvreté n'était pas moins chère au P. Leleu que l'humilité et la douceur. Il l'aimait comme sa mère, et il saisissait avec empressement toutes les occasions de la pratiquer. Il occupait la chambre la plus pauvre. Tout ce qu'il y avait de plus pauvre dans la maison, en fait de meubles ou de livres, il faisait en sorte de se le faire donner, et tout dans sa personne comme dans sa chambre respirait la plus exacte pauvreté. Ses habits avaient quelque raccommodage fait de sa main. Grand nombre de petits meubles à son usage étaient son ouvrage, aussi bien que les chaussons qu'il portait. Les chiffons de papier laissés par les autres, il les recueillait, et il s'en servait pour ses manuscrits, dût-il employer deux feuilles pour en faire une en les collant dos à dos. Son encrier était un fond de bouteille renversé : il disait, pour donner le change sur le motif qui le dirigeait, que les autres encriers lui salissaient les doigts.

Un soir qu'il était à la porte d'un Père attendant le moment d'entrer pour se confesser, un novice, qui avait remarqué de la lumière dans sa chambre, vint un peu par malice, comme il l'avoua lui-même, mais plus encore pour chercher un sujet d'édification, l'avertir qu'il avait oublié d'éteindre sa lampe. Aussitôt le saint homme se lève ; et après avoir remercié le jeune religieux, se hâte d'aller réparer son oubli, puis revient se mettre à genoux à la même place,

Une autre fois un de ses confrères entrant dans sa chambre sans frapper à la porte par mégarde, trouva le P. Leleu sans soutane, occupé à faire son lit. Surpris ainsi à l'improviste, le saint vieillard à qui cette circonstance paraissait causer une grande confusion, dit au témoin : « C'est que, voyez-vous, j'avais une soutane propre, et j'ai cru devoir la quitter ; car on gâte ses habits en faisant son lit. » Voilà jusqu'où l'homme de Dieu portait les saintes petitesses de la pauvreté évangélique !

Le P. Leleu pratiquait aussi à un haut degré la mortification chrétienne. Son lit était une simple paillasse. Il se levait régulièrement à trois heures du matin. Dans ses dernières années, si on ne lui servait pas de viande hachée aux repas, il se contentait de potage et d'un peu de dessert.

Voici quelques-unes de ses pensées sur cette vertu si importante dans la vie spirituelle : « Mortification intérieure. Triompher de ses passions ; faire chaque jour le procès à ses vices ; exercer une rigoureuse censure contre soi-même ; livrer de continuels combats à l'homme extérieur ; gourmander sans cesse sa volonté ; se dépouiller de son propre jugement ; vaincre sa colère ; réprimer son impatience ; commander à sa bouche, à ses yeux, à sa langue, à tous ses sens : voilà la vraie mortification. »

« Il y a, écrit-il encore, trois manières de s'attacher aux créatures :

« 1° Par la pensée, le souvenir, l'idée qu'on s'en forme volontairement.

« 2° Par l'affection et les passions qu'elles excitent en nous, et auxquelles l'âme se laisse prendre.

« 3° Par leur usage dont nous ne pouvons pas toujours nous passer, par nos occupations, nos fonctions auprès d'elles, soit temporelles, soit spirituelles.

« Quelle mortification et quelle attention exige de nous cette vigilance ! car, au milieu de toutes ces occasions, il faut se considérer comme dans une nuit profonde où l'on ne voit rien : autrement nos mauvais penchants d'un côté, et la malice du démon de l'autre, nous exposent à de continuels dangers.

« *Nuit*, c'est-à-dire mortification active des sens intérieurs, de l'imagination, ce fonds de toute la corruption de la nature et l'aliment du péché. Pour détruire tout ce qu'il y a là de mauvais, il faut employer le fer et le feu. Sans cela, on vivra toujours dans l'esclavage des sens et des passions. Ensuite il faut passer aux sens extérieurs; et commencer par les yeux et la langue : car c'est de là que les objets passent dans l'imagination ; et si elle les reçoit, les images s'en impriment dans l'âme, et les passions sont mises en mouvement, surtout celles qui troublent le plus, désirs, craintes, joie, tristesse, amour, haine, affections, aversions.

« Mémoire. Elle est avec l'imagination l'origine de tous les déréglements de l'âme. Elle conserve les semences des passions et des péchés; elle entretient les obstacles à la grâce. Ainsi quand il se présente quelque pensée qui ne signifie rien pour Dieu, détournez-la doucement par une simple conversion vers Dieu dans le ciel ou dans votre intérieur, ou bien vers Jésus-Christ sur le Calvaire, ou au saint sacrement, et laissez passer ces choses inutiles, sans y faire attention ; laissez-les tomber comme vous laisseriez tomber une paille de votre main sans regarder où elle va ; et de cette manière votre mémoire demeurant vide, il lui sera plus facile de se remplir de Dieu. »

Il saisissait toutes les occasions de rappeler les avantages de cette vertu, et les récompenses que Dieu y attache, et il le faisait avec ce ton de conviction qui persuade. Ainsi répétait-il souvent qu'on doit pratiquer avec soin la modestie des yeux, si on veut avoir part au bonheur ineffable qne les saints éprouvent au Ciel dans la contemplation de la beauté divine ; qu'on doit pratiquer la mortification de l'âme et de l'odorat, si l'on veut avoir une plus grande part aux jouissances que font éprouver aux saints la bonne odeur des plaies de Jésus-Christ et la douce harmonie des concerts des bienheureux, etc. Chacun recevra dans ces différentes sensations une délectation plus ou moins grande, à proportion qu'il aura mortifié davantage sur la terre les sens qui y correspondent. A propos de la mortification du goût : « Je ne comprends pas, disait-il, qu'on cherche avec tant d'empressement une satisfaction si misérable en comparaison de celle dont on se prive en se procurant la première : celle-ci durera un instant ; elle vous donnera une goutte de sang de plus. Ayez le courage de vous en priver, en union de celui qui a versé tout son sang pour vous ; et voilà qui durera toute l'éternité. »

Jusque dans l'âge le plus avancé, le P. Leleu conserva à l'égard de la pudeur une réserve qui prouve jusqu'à quel point il poussait la délicatesse en cette matière.

Un jour qu'après lui avoir servi la messe, le servant était

sorti de la sacristie pendant quelques instants, il le trouva
en rentrant occupé à rattacher sa chaussure. Pour le faire
avec plus de facilité, il avait relevé un peu trop peut-être
le bas de sa soutane, sans qu'il eût cependant rien d'immo-
deste dans son attitude. La présence du servant lui fit croire
qu'il pouvait, par ce défaut de précaution, avoir blessé
les règles d'une sévère modestie. Aussitôt son front se cou-
vrit d'une pudique rougeur, et il se hâta de réparer ce qu'il
regardait comme une espèce de scandale.

La ponctualité de son obéissance ne laissait rien à dési-
rer. On l'a vu ne pas craindre de monter les escaliers deux
et trois fois pour aller demander une permission. Il n'aurait jamais dit une parole inutile dans les moments où le
silence était de règle. Jamais il ne se serait permis d'aller
en récréation avec les novices sans en avoir obtenu la permission du P. ministre. En arrivant, il disait : « J'ai permission du P. ministre de vous dire un mot. » Mais s'il
n'avait pas cette permission, aucune sollicitation n'était
capable de lui faire faire un pas dans le lieu de la récréation.

Il arrivait toujours un des premiers aux exercices de la
communauté ; si par hasard, et malgré ses précautions, il
se trouvait en retard, son empressement à avertir le supérieur manifestait son désir d'être toujours dans la plus
exacte régularité.

Le même esprit le dirigeait dans ses rapports avec les
supérieurs. L'air de satisfaction qui éclatait dans son extérieur, quand il était en leur présence, témoignait le con-
tentement qu'il éprouvait intérieurement. S'ils racontaient
quelque trait, on le voyait comme suspendu à leur bouche,

prêtant une oreille attentive à toutes leurs paroles, semblable à un enfant qui ne voudrait rien perdre de ce qui sortirait de la bouche de son père.

Après avoir lu ces édifiants détails sur la vie du P. Leleu, on ne sera pas surpris que Dieu ait récompensé une vertu si pure par ces grâces extraordinaires, j'ai presque dit miraculeuses, dont il a favorisé les saints. En voici quelques exemples qui nous ont été racontés, et que nous mentionnons ici en finissant.

Le P. Leleu avait été appelé à Auray pour assister un malade à ses derniers moments. Vers le milieu de la route, il fait arrêter la voiture, descend, se met à genoux et prie avec une grande ferveur : « O mon Dieu ! dit-il, mon Jésus, faites-lui miséricorde, faites-lui miséricorde ! » Puis étant remonté en voiture, il ajouta : « C'est fini, il est mort. » Quand on fut arrivé, on reconnut que la personne était morte à l'heure précise où le P. Leleu avait prié dans la route.

Une autre fois, après avoir rempli le même ministère, il revenait à Vannes, conduit par un des amis du malade. Pendant le trajet, le Père engagea son compagnon à faire arrêter la voiture et à réciter un *De Profundis* pour l'âme du moribond qu'ils venaient de quitter. L'ami du malade regarda l'heure à sa montre, et s'assura ainsi que cette recommandation lui avait été faite précisément à l'heure où ce dernier rendait son âme à Dieu.

Le P. Leleu alla voir un jour un pauvre ouvrier malade qui avait la plus entière confiance dans la vertu de l'homme de Dieu. « Où avez-vous mal ? lui demanda le Père. — Au bras, répondit l'ouvrier. — A ce bras, mon brave homme ? » lui dit le Père en lui touchant le bras malade. Et au même instant toute douleur cessa.

Un autre ouvrier, congréganiste et chrétien fervent, se laissa tomber du haut d'un toit et se cassa le poignet. Il fut obligé, en conséquence, d'interrompre son travail pendant un temps considérable, parce que la fracture ne put se remettre que très-difficilement. Chaque fois que notre ouvrier rencontrait le P. Leleu, il le priait de bénir son poignet. L'homme de Dieu s'y refusait toujours par un sentiment d'humilité. Enfin, vaincu par les instances de cet homme, il consentit à faire le signe de la croix sur le poignet, et le blessé fut guéri.

Une jeune fille, d'une constitution très-faible, était malade depuis sept mois, ne pouvant prendre d'autre nourriture que des sirops et à très-petites doses. L'oppression qu'éprouvait l'enfant était si forte, que les voisins eux-mêmes l'entendaient crier à la hauteur de plusieurs étages. Durant cet espace de temps, plusieurs fois on la crut morte. Cependant le père de l'enfant tomba malade, et fut visité par le P. Leleu. Dans une de ses visites, le saint homme fut témoin d'une crise d'oppression plus violente qu'à l'ordinaire : « Éloignez cette enfant, dit-il à l'aïeule qui la tenait dans ses bras ; sa vue aggrave l'état de son père et augmente ses souffrances. —Volontiers, répondit l'aïeule ; mais, avant que je me retire, veuillez, mon Père, lui donner votre bénédiction. » Le P. Leleu la bénit, et l'oppression disparut sans retour. Le médecin qui soignait la petite malade, surpris d'une guérison aussi subite, n'hésita pas à reconnaître l'intervention divine.

On rapporte encore que le P. Leleu étant allé voir une

malade, celle-ci demandait un verre d'eau aux personnes qui la soignaient. Comme on crut devoir le lui refuser, le P. Leleu l'exhorta à se soumettre. La malade insistait néanmoins : « Pour l'amour du bon Dieu, disait-elle, donnez-moi un verre d'eau. » Le P. Leleu dit alors que, pour l'amour du bon Dieu, on ne pouvait rien lui refuser, et qu'il fallait le lui donner. Quand la malade eut le verre d'eau en main ; « A présent, mon Père, dit-elle, pour l'amour du bon Dieu, bénissez mon verre d'eau. — Mon enfant, lui répondit le Père, cela n'est pas nécessaire. — Mais, mon Père, vous venez de dire que, pour l'amour du bon Dieu, on ne peut rien refuser. — C'est vrai, » répliqua-t-il, et il le bénit. Quand la malade l'eut pris, son mal avait disparu ; elle était entièrement guérie.

Paris. — Imprimerie de W. REMQUET et cie, rue Garancière, 5

www.ingramcontent.com/pod-product-compliance
Lightning Source LLC
Chambersburg PA
CBHW071518030726
47593CB00003B/1311